Monsieur B

La vérité sur le permis de conduire

ALBIN MICHEL

Mise en couleurs : Véronique Grisseaux

22 rue Huyghens, 75014 Paris
ISBN 2-226-11719-9

Le permis de conduire, oui... mais pourquoi ?

"S'acheter une bonne conduite, c'est pas permis à tout le monde !"

Joey Starr

DEVENIR UN HOMME, S'ASSUMER EN TANT QUE FEMME, BREF S'ÉPANOUIR EN ADULTE AUTONOME EST LÉGITIME ...
AVANCE CENSURÉ !
DÉGAGE, CENSURÉ DE MACHO !
WHOAH !... QUEL UNIVERS IMPITOYABLE !!
NTM

...VOILÀ POURQUOI VOUS AVEZ DÉCIDÉ DE FRANCHIR LE PAS, D'ABANDONNER BASKETS ÉCULÉES OU VIEUX BICLOU POUR ENTRER DANS LE MONDE DE CEUX QUI APPUIENT SUR LE CHAMPIGNON.
P'TAIN D'BORDEL, ENCORE LE JOINT DE CULASSE !
WHOAH !... QUEL HOMME VIRIL !

MAIS PASSER DE L'AUTRE CÔTÉ DE LA BARRIÈRE NE SE FAIT POURTANT PAS SANS APPRÉHENSION ...
AÏE, AÏE AÏE !... SI J'AI L'PERMIS, ET AVEC LA BÉHÈME DE PAPA, J'VAIS DEVOIR ME LANCER CÔTÉ MEUFS !

IL VA FALLOIR FAIRE PREUVE DE COURAGE, DE DÉTERMINATION, LE TOUT EN GARDANT BIEN À L'ESPRIT QUE LA LIBERTÉ A UN PRIX ...
TIENS, VOILÀ 10 FRANCS !... J'TE LES METS DANS TA TIRELIRE, C'EST POUR TON PERMIS !

ÉVITER LES PIÈGES, FAIRE DE BONS CHOIX, COMBATTRE LE STRESS ... EN RÉSUMÉ, APPORTER DES SOLUTIONS À VOS PROBLÈMES, C'EST CE QUE NOUS ALLONS ESSAYER DE VOIR ENSEMBLE.
PERMIS, SIOUPLÉ !...
EUH, J'AI QUE ÇA !... ÇA IRA ?!
la vérité permis de conduire
1

Etre piéton, ça suffit !

VOUS EN AVEZ ASSEZ (ET ON VEUT BIEN LE COMPRENDRE) DE JOUER LES TRAÎNE-SAVATES...
BON, PORTE DE BAGNOLET !... JE SORS DANS 500 MÈTRES, PUIS C'EST PLUS QUE DE L'AUTOROUTE !

"Le plus dur, c'est de trouver chaussure à son pied"

Cendrillon

RAS L'BOL DE PASSER DES HEURES LE POUCE EN L'AIR POUR QUITTER LA CASE DÉPART OU ENCORE DE VOIR VOS ÉCONOMIES DILAPIDÉES EN BILLETS SNCF...
QUOI ?!, 300 BALLES POUR 25 KILOMÈTRES !!
'FAUT FAIRE UN DÉTOUR PAR LIMOGES... ON N'A PAS DE LIGNE DIRECTE ENTRE LE CREUZOT ET GUÉRIGNY-LES-BAINS !
ARRIVER À UNE SOIRÉE EN BICYCLETTE OU MOBYLETTE DE GRAND-PAPA N'EST PAS NON PLUS DU MEILLEUR EFFET...
TU SAIS QUE POUR TOI J'EN PINCE... À VÉLO !!
ALORS, BERTRAND, ON FAIT TOUJOURS DANS LA PÉDALE ?!
Macumba
...SURTOUT QUAND VOS AMIS SONT DÉJÀ DÉTENTEURS DU FAMEUX PAPIER ROSE !
MERD... ON A VOLÉ MON VÉLO !
ALLEZ, SALUT ! ... UN KILOMÈTRE À PIED, ÇA USE, ÇA USE...
umba
IL EST DONC TEMPS POUR VOUS DE FAIRE LE GRAND SAUT. PROCHAINE ÉTAPE : S'INSCRIRE POUR UN MONDE MEILLEUR...
OUAIP, BEN C'EST PAS GAGNÉ... JUSTE DE QUOI M'PAYER LE PERMIS D'ÉCONOMISER !
2

Une grande décision

Trouver les finances

"L'argent ne fait pas le bonheur de ceux qui n'en ont pas ! "

Cosette

VOUS VOUS EN DOUTIEZ, ON VOUS AVAIT PRÉVENUS: LE PERMIS, C'EST PAS DONNÉ...
EUH !... ON PEUT PAYER EN TICKET-RESTAURANT ?
AUTO ÉCOLE
BA

DE 120 À 200 FRANCS (et plus) L'HEURE DE COURS ET 20 HEURES MINIMUM DE LEÇONS (si tout se passe bien), IL VAUT MIEUX AVOIR PRÉVU D'ASSURER SES ARRIÈRES...
ALORS, ÇA Y EST !... ON EMPRUNTE POUR S'ACHETER UNE AUTO ?!
NON, C'EST JUSTE POUR REPRENDRE QUELQUES COURS !
...
TAUX -1%
BIEN ÉVIDEMMENT, CERTAINS PRIVILÉGIÉS N'ONT PAS CE PROBLÈME, POUVANT COMPTER SANS COMPTER SUR UNE FAMILLE AISÉE...
JOLIE LA CAISSE DE TON FISTON, ÇA A DÛ TE COÛTER BONBON !
BAH !... C'EST RIEN COMPARÉ À LA TUNE QUE J'AI LÂCHÉE POUR QU'IL OBTIENNE SON PERMIS !!
A
SI L'ARGENT EST UN OBSTACLE, IL EXISTE NÉANMOINS UNE SOLUTION À LAQUELLE ON NE PENSE PAS FORCÉMENT: FAIRE DIX HEURES DE QUEUE À LA PRÉFECTURE POUR S'INSCRIRE EN TANT QUE CANDIDAT LIBRE...
COMMENT ÇA ?!... VOUS N'AVEZ PAS DE PLACE DISPONIBLE AVANT LE 2 FÉVRIER 2024 ?!
AH SI !... IL EN RESTE UNE POUR LE 15 JANVIER DE LA MÊME ANNÉE !
MAIS À QUOI BON MÉGOTER PUISQUE CONDUIRE VOUS TITILLE. SAIGNÉ AUX QUATRE VEINES, VOUS N'AVEZ QU'À VOUS PERSUADER QU'IL S'AGIT LÀ D'UN INVESTISSEMENT QUI S'AVÉRERA UN JOUR OU L'AUTRE RENTABLE...
COMMENT VOULEZ-VOUS QUE JE VOUS EMBAUCHE ?! VOUS N'AVEZ MÊME PAS L'PERMIS !!
BEUH ?!... 'FAUT P'T'ÊT QUE J'COMMENCE PAR BOSSER POUR ME L'OFFRIR !
LIVRAISON express
3

Une grande décision

Choisir son permis

VOUS L'AVEZ COMPRIS : "QUAND ON AIME, ON NE COMPTE PAS". MAIS TANT QU'À DÉPENSER, AUTANT SE FAIRE PLAISIR.
J'SAIS PAS, J'HÉSITE, JE ME VOIS BIEN AU VOLANT D'UNE TWINGO !... OU AU GUIDON D'UNE PETITE HARLEY !!
ET LE PERMIS POIDS LOURD, TU Y AS PENSÉ ?!

"Moi j'ai choisi, c'est le permis de construire !"

Bouygues

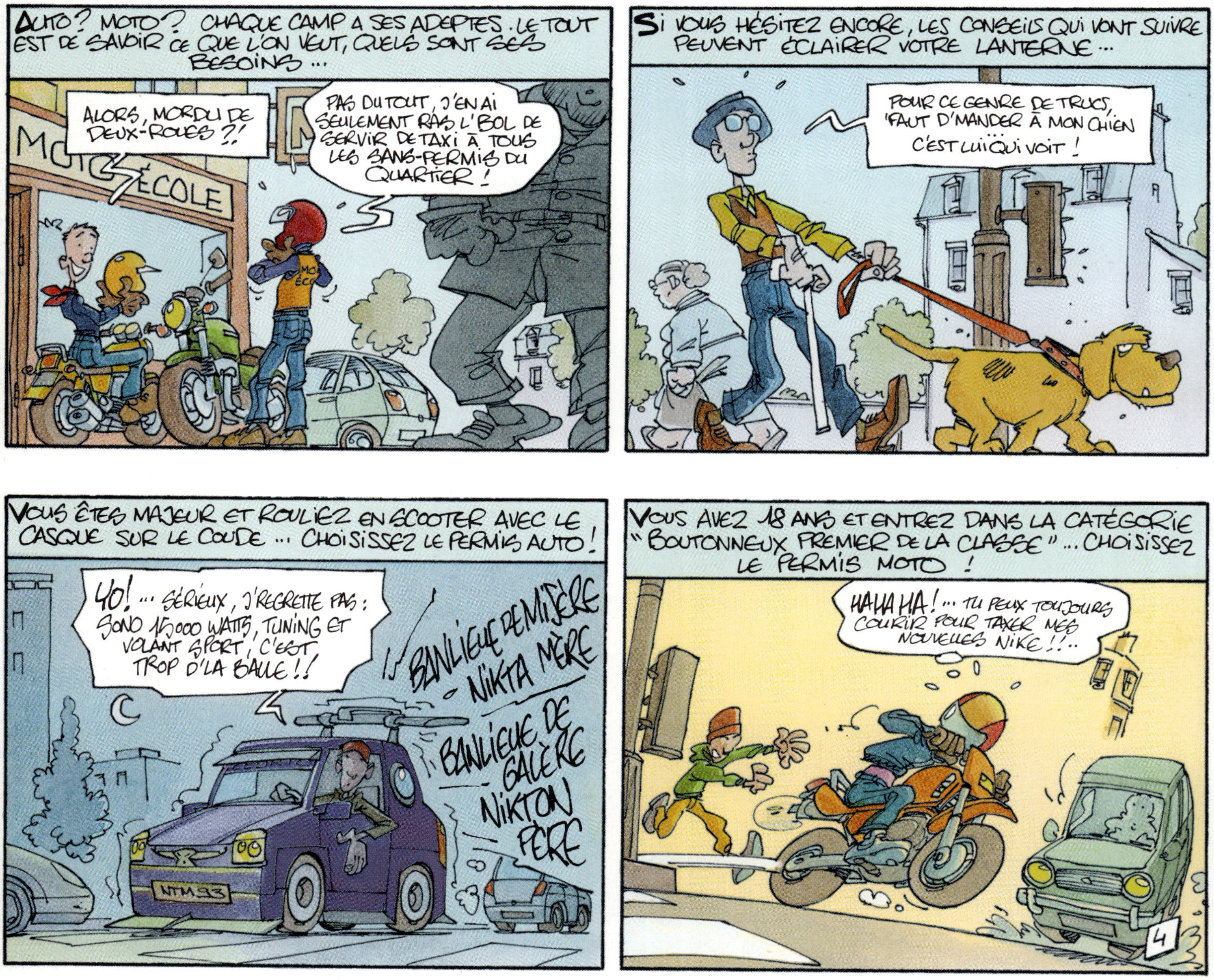

AUTO ? MOTO ? CHAQUE CAMP A SES ADEPTES. LE TOUT EST DE SAVOIR CE QUE L'ON VEUT, QUELS SONT SES BESOINS...
ALORS, MORDU DE DEUX-ROUES ?!
PAS DU TOUT, J'EN AI SEULEMENT RAS L'BOL DE SERVIR DE TAXI À TOUS LES SANS-PERMIS DU QUARTIER !
ÉCOLE
SI VOUS HÉSITEZ ENCORE, LES CONSEILS QUI VONT SUIVRE PEUVENT ÉCLAIRER VOTRE LANTERNE...
POUR CE GENRE DE TRUCS, 'FAUT D'MANDER À MON CHIEN C'EST LUI QUI VOIT !
VOUS ÊTES MAJEUR ET ROULIEZ EN SCOOTER AVEC LE CASQUE SUR LE COUDE... CHOISISSEZ LE PERMIS AUTO !
YO !... SÉRIEUX, J'REGRETTE PAS : SONO 15 000 WATTS, TUNING ET VOLANT SPORT, C'EST TROP D'LA BALLE !!
BANLIEUE DE MISÈRE – NIKTA MÈRE
BANLIEUE DE GALÈRE NIKTON PÈRE
NTM 93
VOUS AVEZ 18 ANS ET ENTREZ DANS LA CATÉGORIE "BOUTONNEUX PREMIER DE LA CLASSE"... CHOISISSEZ LE PERMIS MOTO !
HAHAHA !... TU PEUX TOUJOURS COURIR POUR TAXER MES NOUVELLES NIKE !!...
4

VOUS ÊTES DANS LA TRANCHE DES 30-40 ET ÊTES CÉLIBATAIRE ... OPTEZ POUR LE PERMIS VOITURE !
BON ... CE SOIR JE CONCLUE ET J'ME L'ENVOIE SUR LA BANQUETTE ARRIÈRE !
À QUOI TU PENSES ?
VOUS ÊTES PÈRE DE FAMILLE ... C'EST UNE MOTO QU'IL VOUS FAUT !
ALLONS MOUMOUNE, COMMENT VEUX-TU QUE JE RAMÈNE 5 KILOS DE PATATES, LE PLEIN DE COUCHES ET 2 PACKS D'EAU EN KAWA ?!...
ADEPTE D'UN ESTHÉTISME À LA DALLAS, VOUS AURIEZ DÛ CHOISIR DE ROULER EN AUTOMOBILE ...
AÏE, AÏE, AÏE !... ET MON BRUSHING À 400 BALLES ?!...
LA CIRCULATION VOUS FAIT PEUR, LA VITESSE VOUS TERRORISE ET VOUS FOCALISEZ SUR LE NOMBRE CROISSANT D'ACCIDENTS DE LA ROUTE. UNE SEULE SOLUTION ... LE PERMIS POIDS LOURD !
PFFF !... J'L'AI ÉCHAPPÉ BELLE !... DIRE QUE ÇA AURAIT PU ÊTRE MOI, LÀ, EN TRAIN DE FAIRE DU VÉLO !!
VOUS AVEZ 98 ANS ET PLUS, PRENEZ LE TRAIN ...
ALLONS MONSIEUR, REJOIGNEZ VOTRE COMPARTIMENT !... VOUS N'AVEZ RIEN À FAIRE ICI !
TAIS-TOI JEUNE INSOLENT, C'EST MOI QUI CONDUIS !
TRAM
QUOI QU'IL ARRIVE, VOUS HÉRITEREZ D'UN PERMIS À POINTS ... ET QUOI QUE VOUS FASSIEZ, IL FAUDRA ÉVITER DE LES PERDRE !
ÇA SERAIT POUR UNE INSCRIPTION !
MAIS ENFIN MONSIEUR MARTINEAU, VOUS AVEZ EU VOTRE PERMIS HIER !...
AUTO-É
5

La conduite accompagnée

“Allez, viens gamin… Je t’accompagne ! ”

Marc Dutrou

ONÉREUX (4000 francs et plus), L'APPRENTISSAGE ANTICIPÉ DE CONDUITE (AAC) PEUT DÉBUTER DÈS L'ÂGE DE 16 ANS...
TROP GALÈRE, ON VIENT DE ME RETIRER L'PERMIS !
BON, BEN VA FALLOIR INSCRIRE LE PETIT À L'AUTO-ÉCOLE !
?

CET APPRENTISSAGE A POUR BUT D'AMÉLIORER LA SÉCURITÉ EN DIMINUANT LES ACCIDENTS CAUSÉS PAR LES JEUNES 18 - 25 ANS...
QUEL ÂGE AVAIT-IL ?
17 ANS ! ... ENCORE UN QUI N'ENTRERA PAS DANS LES STATISTIQUES !
INRI
DANS UN PREMIER TEMPS LE FORMATEUR ÉVALUE LE NIVEAU DE DÉPART DE L'ÉLÈVE ET DÉTERMINE LA DURÉE D'APPRENTISSAGE NÉCESSAIRE...
NON VALENTIN, POUR CONDUIRE C'EST À L'AVANT !...
Z'ÊTES SÛR ?
LES OBJECTIFS DE LA FORMATION SONT RÉPARTIS EN QUATRE ÉTAPES ET DÉTAILLÉS DANS UN LIVRET REMIS À L'ÉLÈVE...
TIENS MON ENFANT ... PRENDS CE LIVRE ET MONTRE-TOI EN DIGNE !
C'EST QUOI ? UNE BD MANGA ?!
DÈS QUE LES QUATRE ÉTAPES SONT VALIDÉES ET QUE L'ÉLÈVE A ÉTÉ REÇU À L'ÉPREUVE THÉORIQUE (CODE), LE FORMATEUR DÉLIVRE UNE ATTESTATION DE FIN DE FORMATION INITIALE QUI PERMET DE PASSER À LA PHASE N°2...
YAHOO ! ÇA Y EST, JE L'AI !
TON BAC ?
BEN NON, MON CODE !
6

DEUXIÈME PHASE : LA CONDUITE ACCOMPAGNÉE PROPREMENT DITE. SUR UNE DURÉE D'UN AN ET AVEC L'ACCOMPAGNATEUR DÉSIGNÉ, LE JEUNE PARCOURT AU MOINS 3000 Km ...
EMMENER MAMY À LOURDES !... J'AURAIS DÛ ME MÉFIER !
DEUX RENDEZ-VOUS PÉDAGOGIQUES SONT PRÉVUS À L'AUTO-ÉCOLE POUR CORRIGER D'ÉVENTUELLES MAUVAISES HABITUDES, DÉBATTRE DE SUJETS RELATIFS À LA SÉCURITÉ ROUTIÈRE ...
OUAIP, C'EST D'LA FAUTE DE L'AUT' NAZE ... Q'M'FAIT UN BRAS D'HONNEUR, ALORS MOI J'LE DOUBLE ET HOP ... QUEUE D'POISSON !
L'BÂTARD !
?!! ...
CETTE FORMATION COMPREND DE NOMBREUX AVANTAGES : LE CONDUCTEUR ROULE PAR TOUS LES TEMPS, SUR TOUTES LES ROUTES ET EN TOUTE SAISON ...
C'EST ÇA !... ET FAIRE LES COURSES TROIS FOIS PAR SEMAINE AU LECLERC, ÇA FOUT LES BOULES !! ...
LE PLUS IMPORTANT ÉTANT D'APPRENDRE À CONDUIRE ET NON PAS SEULEMENT À PASSER LE PERMIS ...
HA HA HA !!
TIMOTHÉE, JE VEUX DESCENNNDRE !! ...
Leclerc
LA DIFFICULTÉ D'ASSIMILATION AUGMENTE AVEC L'ÂGE. A 16 ANS, LES JEUNES SONT TRÈS RÉCEPTIFS ET ONT L'HABITUDE D'ÉTUDIER ...
BIEN, VOUS VOULEZ INSCRIRE VOTRE FILLE !... QUEL ÂGE A-T-ELLE ?
16 ANS !... ELLE VIENT JUSTE D'ENTRER EN 6e !!
MAIS BON, C'EST PAS POUR AUTANT QU'ILS OBTIENDRONT LEUR "DIPLÔME" ...
ALORS ?! ...
BEN ... C'EST QUI QUI PEUT M'ACCOOMPAGNER À LA PISCINE ?
7

Le grand saut

Choisir son centre de formation

“Mieux vaut ne pas tomber dans le panneau !”

Bison Futé

DIFFICILE DE S'Y RETROUVER DANS LA JUNGLE DES AUTO-ÉCOLES ... CONCURRENCE ACHARNÉE OBLIGE, LES CENTRES USENT BIEN SOUVENT DE PUBLICITÉ TROMPEUSE ...
?!!
easy-conduite
1500F POUR TOUT
COOL PRIX
FLASH CODE
AUTO-ARNAK
PRESQUE GRATOS
ici, on assure !

LE NOMBRE D'OFFICINES NE CESSE D'AUGMENTER ALORS QUE, PARALLÈLEMENT, LE NOMBRE DE CANDIDATS (dénatalité aidant) CHUTE CHAQUE ANNÉE ...
CHAMO-ÉCOLE

... VOILÀ POURQUOI FORFAITS MIRACLES ET LEÇONS BIDONS FLEURISSENT EN TOUTE SAISON ...
AUTO ÉCOLE
500F POUR 20 LEÇONS ! ... ÇA C'EST D'LA PROMO !!
ET UN GAIN DE TEMPS, PUISQUE LES 20 LEÇONS SONT CONCENTRÉES EN UNE HEURE ! ...

MÉFIEZ-VOUS ÉGALEMENT DES FORMATIONS PAYABLES D'AVANCE : RIEN NE VOUS DIT QU'UNE FOIS QUELQUES FORFAITS ENCAISSÉS, LE PATRON NE METTRA PAS LA CLÉ SOUS LA PORTE ... POUR RECOMMENCER AILLEURS SOUS UN AUTRE NOM !
MAIS C'ÉTAIT PAS UNE AUTO-ÉCOLE ICI ?
SI, JUSQU'À HIER ! ...
KESKE J'VOUS SERS ?

APPRENDRE À CONDUIRE SANS SE FAIRE ROULER RESTE HEUREUSEMENT À LA PORTÉE DE TOUS ... IL SUFFIT DE PRENDRE QUELQUES PRÉCAUTIONS.
DITES-MOI, VOTRE CENTRE A ÉTÉ OUVERT EN QUELLE ANNÉE ? ...
... J'AIMERAIS AUSSI CONNAÎTRE VOTRE NUMÉRO D'AGRÉMENT ET VOIR LES DIPLÔMES DE TOUS VOS MONITEURS !
8

GARDEZ-VOUS DE FOCALISER SUR LES TARIFS : DE TOUTE FAÇON UN PERMIS REVIENT EN MOYENNE À 7000 FRANCS. CECI ÉTANT DIT, FAITES PLUTÔT PRIMER LA QUALITÉ DES SERVICES PROPOSÉS...
J'ME SUIS INSCRITE À "L'AUTO-ÉCOLE DE LA MAIRIE". ILS OFFRENT UN EXCELLENT CAFÉ POUR FAIRE PATIENTER EN ATTENDANT SON TOUR !
BEN MOI J'AI PRÉFÉRÉ "CONDUITE-PLUS", REGARDE LE BEAU PORTE-CLÉS QU'ILS M'ONT DONNÉ !
...L'IMPORTANT ÉTANT D'ÉVITER UN PERSONNEL SOUS-PAYÉ QUI, PEU MOTIVÉ, ÉCOURTERA VOS HEURES DE COURS.
ARRÊTEZ-VOUS LÀ ET ENTRAÎNEZ-VOUS À FAIRE DES CRÉNEAUX... J'AI DES COURSES À FAIRE, MOI !
PRISU
PRENEZ-VOUS EN MAIN, MENEZ L'ENQUÊTE : LE BOUCHE À OREILLE PERMET DE GLANER DE PRÉCIEUSES INFORMATIONS...
ET TON PROF, C'EST UN BON COUP ?
?!
AUTO-ÉCOLE
VÉRIFIEZ BIEN QUE VOTRE FUTURE AUTO-ÉCOLE S'OCCUPE DE TOUT ET CE, JUSQU'À VOTRE PRÉSENTATION À L'EXAMEN DE CONDUITE...
COMMENT ÇA ?! ... FAIRE LES DÉMARCHES À LA PRÉFECTURE POUR LES FORMULAIRES ADMINISTRATIFS ?
EH, OH !... J'SUIS PAYÉ POUR VOUS APPRENDRE À CONDUIRE, POINT À LA LIGNE !!
N'HÉSITEZ PAS NON PLUS À CHANGER DE CENTRE SI, EN COURS DE ROUTE, VOUS N'EN ÊTES PLUS SATISFAIT...
CINQ FOIS QUE JE LE RATE !... SUFFIT COMME ÇA, JE CHANGE D'AUTO-ÉCOLE !! ...
...VOUS CROYEZ QUE J'VOUS AI PAS VU V'NIR ?!
ÇA Y EST ?... VOUS AVEZ FAIT LE BON CHOIX ? FÉLICITATIONS, MAIS LE PLUS DUR RESTE À VENIR.
BON ALORS, IL EST OÙ MON PERMIS, M'DAM ?!
HOULÀ, PAS SI VITE !... IL FAUT RÉUSSIR CODE ET CONDUITE AVANT !

Qu'est-ce que le code ?

"Sans votre code, vous êtes plutôt mal !"

La carte bleue

LE CODE EST UNE FORMATION THÉORIQUE QUI RÉGIT LES LOIS S'APPLIQUANT À LA CIRCULATION ROUTIÈRE ...
BON, GAREZ-VOUS OÙ IL Y A DE LA PLACE, ON VA BIENTÔT EMBRAYER !

ASSURÉ EN SALLE ET MIS EN PLACE PAR LE MINISTÈRE DES TRANSPORTS, SON PROGRAMME EST SIMPLE : COURS, TESTS DIAPOSITIVES, TESTS VIDÉO ...
CLIC !
?!
!!
C'EST QUOI L'FILM DE CE SOIR ?
?

L'ENSEMBLE DU CONTENU DE CETTE FORMATION VOUS PERMETTRA D'ACQUÉRIR LES CONNAISSANCES NÉCESSAIRES À L'EXAMEN ...
AH, EXCUSEZ-MOI, J'ME SUIS TROMPÉ DE DIAPO !!
SCHLAKA !

LE NOMBRE DE LEÇONS DÉPENDRA DE VOTRE ENGAGEMENT PERSONNEL ...
BON, ALLEZ, LE B AU HASARD !
SCHLAKA !
A JE M'ARRÊTE
B JE GRILLE LE FEU EN KLAXONNANT

AFIN DE LIMITER LES ÉCHECS, LES PLACES D'EXAMEN SERONT CONFIRMÉES PAR UN TEST BLANC POSITIF (MOINS DE CINQ FAUTES) ...
ÇA VA PAS ?! ... 21 BONNES RÉPONSES SUR 40, C'EST LA MOYENNE, NON ?!
BOUFFON, VA !

Signalisation

"Il suffira d'un signe !"

Jean-Jacques Goldman

LA SIGNALISATION ET SA GAMME VARIÉE DE PANNEAUX INDICATEURS EST UN LANGAGE DIFFICILE À DÉCHIFFRER. FORMES ET COULEURS SONT AUTANT DE SYMBOLES À RETENIR...
ÉCOUTE CHÉRI, SI TU SAIS PAS, MIEUX VAUT FAIRE DEMI-TOUR !
POMPP!
TUT POUET

TOUT D'ABORD LES PANNEAUX DE DANGER : À BORDS ROUGES ET DE FORME TRIANGULAIRE ... IL FAUT RALENTIR.
MOI, L'DANGER, J'PRÉFÈRE LE VOIR DANS LE RÉTRO !
TING TING TING!
EXISTENT AUSSI LES PANNEAUX D'INTERDICTION : DE FORME RONDE ET CERCLÉS DE ROUGE ...
BEN À QUOI ?!... IL EOU L'PROBLÈME ? J'SUIS PAS EN VÉLO !!
HIPS
LES PANNEAUX D'OBLIGATION, QUANT À EUX, SONT RONDS ET SUR FOND BLEU ...
ÇA Y EST LES ENFANTS, J'CROIS QU'ON ENTRE DANS LA RÉSERVE INDIENNE !...
RECTANGLES OU CARRÉS, CE SONT LES PANNEAUX ROUTIERS D'INDICATION (ceux qui vous sauvent si vous n'avez pas le sens de l'orientation).
C'EST BIEN GENTIL TOUT ÇA, MAIS JE NE VOIS PAS DE "NOGENT-LE-ROTROU" !! ...

Le code de la route

Règles élémentaires de circulation

"Un problème de circulation,
et c'est l'arrêt brutal !!"

Michel Berger

"CIRCULEZ, Y A RIEN À VOIR !" N'EST EN AUCUNE MANIÈRE MENTIONNÉ DANS LE CODE. SI VOUS VOULEZ DÉCROCHER VOTRE EXAMEN, IL VA FALLOIR POTASSER SANS RELÂCHE...
DIS, POUR L'ALLUMAGE, C'EST LA BOUGIE QUI EST VISSÉE DANS LA CULASSE ? ...
SI J'TE DÉRANGE, FAUT L'DIRE ! ...
CODE

FACE À TANT DE NOUVEAUX ÉLÉMENTS À RETENIR VOUS VOUS SENTEZ PARFOIS ESSEULÉ (E). C'EST POUR CELA QUE NOUS ALLONS ESSAYER DE RÉVISER ENSEMBLE QUELQUES POINTS FONDAMENTAUX...
BEN VOILÀ, ÇA T'APPRENDRA À TRAVERSER HORS DES CLOUS !! ...
PETIT CHENAPAN, VA !

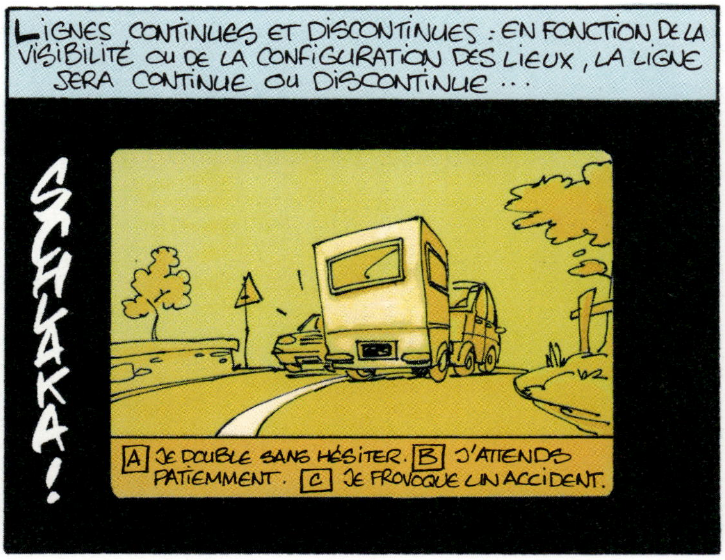
LIGNES CONTINUES ET DISCONTINUES : EN FONCTION DE LA VISIBILITÉ OU DE LA CONFIGURATION DES LIEUX, LA LIGNE SERA CONTINUE OU DISCONTINUE...
SCHLAKA !
A JE DOUBLE SANS HÉSITER. B J'ATTENDS PATIEMMENT. C JE PROVOQUE UN ACCIDENT.

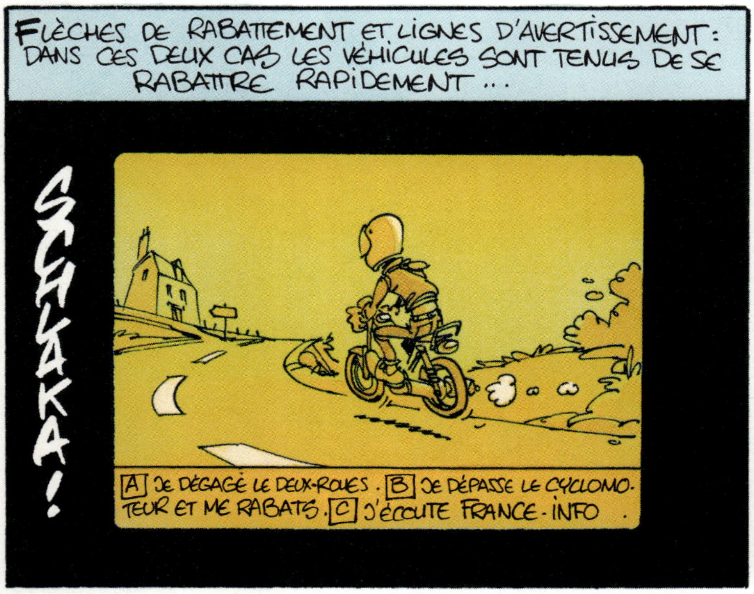
FLÈCHES DE RABATTEMENT ET LIGNES D'AVERTISSEMENT : DANS CES DEUX CAS LES VÉHICULES SONT TENUS DE SE RABATTRE RAPIDEMENT...
SCHLAKA !
A JE DÉGAGE LE DEUX-ROUES. B JE DÉPASSE LE CYCLOMOTEUR ET ME RABATS. C J'ÉCOUTE FRANCE-INFO.

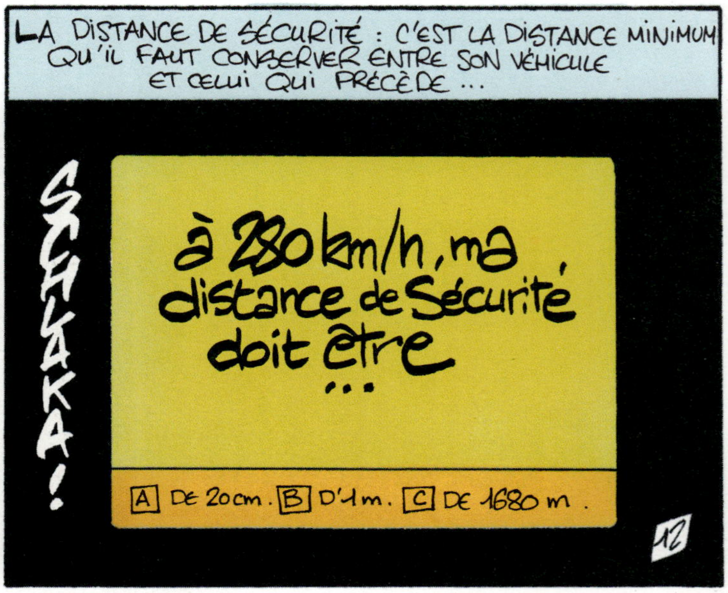
LA DISTANCE DE SÉCURITÉ : C'EST LA DISTANCE MINIMUM QU'IL FAUT CONSERVER ENTRE SON VÉHICULE ET CELUI QUI PRÉCÈDE...
SCHLAKA !
à 280 km/h, ma distance de Sécurité doit être ...
A DE 20 cm. B D'1 m. C DE 1680 m.
12

LA DISTANCE D'ARRÊT : C'EST LA DISTANCE PARCOURUE PAR UN VÉHICULE JUSQU'À L'ARRÊT TOTAL, À PARTIR DU MOMENT OÙ SON CONDUCTEUR A DÉTECTÉ UN OBSTACLE ...
SCHLAKA !
SACHANT QUE JE ROULE À 60 km/h, VAIS-JE POUVOIR ÉVITER CETTE RENCONTRE DU 3e TYPE ?
A OUI. B NON. C PEUT-ÊTRE ...
LE DÉPASSEMENT : CETTE MANOEUVRE S'EFFECTUE PAR LA GAUCHE ET LE PLUS RAPIDEMENT POSSIBLE ...
SCHLAKA !
A JE DOUBLE À DROITE. B JE DOUBLE À GAUCHE C JE RENTRE DANS LE TAS.
LA PRIORITÉ : SI VOUS VOUS RETROUVEZ À UNE INTERSECTION SANS SIGNALISATION, CÉDEZ LE PASSAGE À DROITE ...
SCHLAKA !
A JE PASSE. B TU PASSES. C NOUS PASSONS.
FEUX TRICOLORES ; ILS S'ALLUMENT ALTERNATIVEMENT DANS L'ORDRE SUIVANT : VERT, ORANGE, ROUGE, VERT, ORANGE, ROUGE ...
SCHLAKA !
A J'ATTENDS. B J'ANTICIPE ET ACCÉLÈRE TEL UN DÉMENT. C JE FAIS DEMI-TOUR ET RENTRE CHEZ MOI.
LES AGENTS DE POLICE, EUX, SONT ULTRA-BALAISES : LEURS INDICATIONS PRÉVALENT SUR LA SIGNALISATION, LES FEUX, LES RÈGLES DE CIRCULATION ...
SCHLAKA !
POLICE
A JE PASSE EN L'ÉVITANT. B JE PASSE SANS L'ÉVITER. C JE L'ACCOMPAGNE AU BISTROT.
BON, VOUS VOILÀ PRÊT(E) : VOUS VENEZ DE PASSER VOTRE EXAMEN BLANC AVEC SUCCÈS ET BIENTÔT IL FAUDRA RÉITÉRER L'EXPLOIT ...
ALORS, T'ES PRÊTE POUR DEMAIN ? ...
A JE PENSE QUE JE VAIS ÊTRE MALADE TOUTE LA NUIT. B JE STRESSE PAS POSSIBLE. C SI JE RATE, C'EST LA FIN DU MONDE.
AU
13

Première épreuve

L'examen… cinq fautes et pas plus !

"Le plus difficile à éviter, c'est la faute de goût !"

Elton John

TOUT D'ABORD, IL EST UTILE DE SAVOIR QUE L'EXAMEN A BIEN SOUVENT LIEU AU FIN FOND D'UNE BANLIEUE OBSCURE ET À DES HORAIRES IMPOSSIBLES…
BON, J'Y VAIS !… DE TOUTE FAÇON, J'ARRIVE PAS À DORMIR !!
ZZZ ?!

N'HÉSITEZ DONC PAS À PARTIR EN AVANCE. CAR SI LE POINT DE RENDEZ-VOUS EST RELATIVEMENT ACCESSIBLE EN VÉHICULE, LES CORRESPONDANCES DE BUS RESTENT ALÉATOIRES…
COMMENT ÇA ?!… LE 115 NE FONCTIONNE QUE LE WEEK-END ?!…
RATP
LE MIEUX ÉTANT DE PARTIR EN GROUPE AVEC CEUX DE VOTRE AUTO-ÉCOLE… ENFIN S'IL RESTE DE LA PLACE !
ATTENDEZ-MOI !!!
DÉSOLÉ CHRISTOPHE, MAIS VA FALLOIR PRENDRE LE 115 !!…
OUF ! VOUS VENEZ DE REJOINDRE LE TROUPEAU DES CANDIDATS EN TEMPS ET EN HEURE. L'ANGOISSE MONTE, IL FAUT RESTER CONCENTRÉ…
EXCUSEZ-MOI, IL Y A UN JEUNE HOMME QUI VIENT DE S'ÉVANOUIR !
TANT PIS POUR LUI, IL S'EST EXCLU D'OFFICE !
JE NOTE : TENTATIVE D'ESQUIVE À UN EXAMEN NATIONAL !…
À L'ENTRÉE ON VOUS A REMIS UN BOÎTIER ÉLECTRONIQUE. CE GADGET ENREGISTRERA VOS RÉPONSES VALIDÉES DE FAÇON DÉFINITIVE…
ET MERD… J'ME SUIS ENCORE GOURÉ D'BOUTON !!…
SCHLAKA !
14

Les questions s'enchaînent les unes aux autres. Pas de parano : si cela vous semble trop facile … c'est peut-être parce que c'est facile !
Aïe, aïe, aïe, si je m'arrête au feu rouge, c'est quoi le piège ?! …
Schlaka !
Si vous hésitez, allez-y au flan ou essayez de pomper sur le voisin …
Pouf, pouf ! Ça se-ra toi que je choi-si-ra ! … le B !
OK, je mets B moi aussi ! …
40e et dernière question, en général la plus vache ! … celle sur laquelle vous avez fait l'impasse, vu que cela ne sert à rien de savoir ce genre de trucs !
Schlaka !
Question 40
Lors de la combustion des gaz, à combien s'élève la température à l'intérieur du cylindre ?
?!
!!!
Une fois l'éprouvante épreuve terminée, les pronostics vont bon train. Les langues se délient …
J'ai assuré comme une bête, deux fautes maxi ! …
Sûre, c'est dans la poche !
Y a juste la 23 où j'ai dû me planter !
… Et t'as mis quoi pour la 23 ?!
C'est seulement quand le verdict tombe que bien souvent les grandes gueules rabattent leur caquet et que les stressés se rassurent …
Quoi, 35 fautes ?! … Elle déconne vot' machine !! …
… C'est vrai, j'ai tout répondu pareil que pour l'exam' en blanc !!
Désolé ! …
Raté !
Mais bon, rien à faire du résultat des autres. Aujourd'hui, le seul qui compte c'est le vôtre …
Tiens, monsieur Lebœuf ! Voyons voir combien d'erreurs vous avez fait ce coup-ci ! …
Glurps

Première épreuve

Réussi !

"La réussite ?! J'ai commencé par ça !"

Gérard Majax

BRAVO ! VOUS AVEZ PASSÉ AVEC SUCCÈS CETTE PREMIÈRE ÉPREUVE. NOTE : SI PAR HASARD VOUS AVEZ ÉCHOUÉ, RECULEZ DE SIX PLANCHES, NE TOUCHEZ PAS 20000, MAIS REPAYEZ LES FRAIS D'INSCRIPTION POUR LA FORMATION THÉORIQUE …
AYÉ, AYÉ ! TRA-LA-LÈRE, JE L'AI !!
'PARAÎT QU'AU BOUT DE LA CINQUIÈME FOIS ILS LE DONNENT !

SOULAGÉ DU POIDS QUI VOUS PESAIT SUR LA POITRINE, C'EST LE COEUR VAILLANT QU'UN MONDE RADIEUX S'OFFRE ENFIN À VOUS …
BUS
115
HA HA HA !… PIS J'ME MOQUE DU 115, JE RENTRE À PIED, MOI !… TRALALA !!
PLUS RIEN NE VOUS SEMBLE IMPOSSIBLE. VOUS RAYONNEZ DE BONHEUR ET VOTRE JOIE DE VIVRE DONNE ENVIE D'ÊTRE PARTAGÉE …
AH OUAIS, T'AS EU TON CODE ?! … TU PAYES TON POT ALORS !
CAFÉ des SPORTS
VOUS ALLEZ POUVOIR APPRÉHENDER LA CONDUITE AVEC EN POCHE L'ASSURANCE DE CELUI QUI SAIT …
SALUT POUPÉE !… TU SAIS QUE TU NE M'IMPRESSIONNES PAS DU TOUT ?!
?!
MAIS NE CRIEZ PAS TROP VITE VICTOIRE, LE PLUS DUR RESTE À VENIR …
BIENVENUE AU CLUB, FISTON !… J'ESPÈRE QUE TU NE VAS PAS ÊTRE COMME TON VIEUX PÈRE : INCAPABLE DE DÉCROCHER L'ÉPREUVE DE CONDUITE !!
GLUPS !

Premier interlude

La recherche d'un véhicule neuf

"A que vous avez pas vu ma Harley-Davidson ?! "

Johnny Halliday

DEPUIS QUE VOUS AVEZ BRILLAMMENT RÉUSSI VOTRE CODE, IL DEVIENT URGENT DE SAVOIR QUEL ENGIN VOUS ALLEZ POUVOIR CONDUIRE LE JOUR OÙ VOUS AUREZ VOTRE PERMIS...
TU VOIS, FRANCIS, BIENTÔT ELLE SERA À TOI !!
C'EST ÇA ET J'CONTINUE À ME FAIRE GRATTER PAR TOUS LES SCOOTERS DE LA RÉGION !...

COMME IL EST PLUTÔT RARISSIME QUE PAPA VEUILLE BIEN PRÊTER SA SAFRANE BACCARAT FLAMBANT NEUVE À SON NOVICE DE FILS, IL VA FALLOIR SE DÉBROUILLER PAR SES PROPRES MOYENS...
SLAM !
DE TOUTE FAÇON, C'EST UNE CAISSE DE VIEUX ET LA COULEUR EST À CHIER !!...
COMMENCEZ PAR FAIRE LE TOUR DES CONCESSIONNAIRES...
AUTOTUN
ET C'EST QUOI LE CHIFFRE AVEC PLEIN DE ZÉROS ?... C'EST LA RÉFÉRENCE ?
NON, C'EST LE PRIX !...
SACHEZ QU'IL EST TOUJOURS POSSIBLE DE DISCUTER LES TARIFS EN FAISANT JOUER LA CONCURRENCE...
ALLEZ, ON FAIT L'INVERSE : J'VOUS ACHÈTE L'AUTORADIO ET VOUS M'OFFREZ C'QUI VA AUTOUR !!
DISCS
VOUS L'AVEZ COMPRIS, SI VOUS N'ÊTES PAS PLEIN AUX AS, IL VA FALLOIR OPTER POUR LE MARCHÉ DE L'OCCASE... D'AUTANT PLUS QUE VOUS NE SAVEZ PAS ENCORE COMBIEN DE LEÇONS VOUS AUREZ À RÉGLER !
EH BIEN DITES DONC, VOUS AIMEZ LES RAVIOLIS !!
BOAH, SANS PLUS !... C'EST JUSTE POUR LE CONCOURS : " GAGNEZ UNE CLIO 16 SOUPAPES !"...

De la théorie à la pratique

"La théorie ? Quoi de plus relatif !"

Albert Einstein

PASSONS AUX CHOSES SÉRIEUSES. MÊME SI VOUS AVEZ TERMINÉ "GRAN TURISMO 2" SUR PLAYSTATION, VOUS N'AVEZ EN RÉALITÉ ENCORE EU AUCUNE VÉRITABLE EXPÉRIENCE...
BEN DISONS QU'UNE FOIS, J'AI CONDUIT UN TRACTEUR ET QUE JE SAIS BOUCLER MA CEINTURE DE SÉCURITÉ !!

C'EST DONC AVEC UN OEIL NEUF QUE VOUS OBSERVEZ LE VÉHICULE À MAÎTRISER...
BON, RÉSUMONS-NOUS, À L'AVANT C'EST LE GUIDON... LES LOUPIOTES ORANGE ÇA DOIT ÊTRE LES CLIGNOTANTS !...
LE PRINCIPE EST SIMPLE : IL VA FALLOIR CIRCULER À BORD EN TOUTE SÉCURITÉ, EN RESPECTANT LES RÈGLES DE CIRCULATION AINSI QUE LES AUTRES USAGERS...
OH, C'EST RIGOLO LES TROIS PÉDALES QUI SONT FIXÉES SUR LE PLANCHER !!...
... VOUS AVIEZ VU ?
DANS UN PREMIER TEMPS, CONTENTEZ-VOUS DE DÉMARRER...
UTO-ÉCOLE
KRAKAKRAKAKRR
KRAKAKRRR
...EN VOUS ASSURANT QUE VOUS N'ÊTES PAS "EN PRISE".
UTO ÉCOLE
OUPS !... ELLE EST NERVEUSE !
KRAKA
BEENG

Si vous avez choisi une formation accélérée, mieux vaut vous accrocher !
KRA
KRAKA !
BON, LES COCOS, ON EMBRAYE ... ON FAIT PÉTER LA PREMIÈRE ... ON ACCÉLÈRE EN DÉBRAYANT DOUCEMENT ... ET ON SE RETROUVE PORTE DE MONTREUIL POUR LE SLALOM RAPIDE !!
MERD... MERD... MERD... L'EMBRAYAGE C'EST OÙ ?! ...
BRO
AUTO-MOTO ÉCOLE
Si vous avez choisi une formation traditionnelle, il faudra s'accrocher aussi !
KRA
KRAKAKA !
BON, LES COCOS, ON EMBRAYE ... ON FAIT PÉTER LA PREMIÈRE ... ON ACCÉLÈRE EN DÉBRAYANT DOUCEMENT ... ET ON SE RETROUVE PORTE DE MONTREUIL POUR LE SLALOM LENT !!
COOL, RILAX ! ... L'EMBRAYAGE, ÇA DOIT ÊTRE À DROITE !!
BRO
AUTO-MOTO ÉCOLE
En aucun cas, vous ne devez céder à la panique. Rassurez-vous en vous souvenant que vous êtes certainement aussi doué que votre abruti de voisin qui circule depuis 30 ans à bord de sa GS break...
KRAÂ...
VROo
YAHAAA !! ... C'EST PARTI MON KIKI !! ...
?!
CLOC
AUTO-MOTO ÉCOLE

La première leçon

"Toute première fois,
tou-toute première fois !"

Jeanne Mas

COMME DISAIT L'AUTRE : "QUAND FAUT Y ALLER, FAUT Y ALLER !" ... PLUS FACILE À DIRE QU'À FAIRE !
C'EST QUAND VOUS VOULEZ !! ...
J'ATTENDS QUE ÇA SE FLUIDIFIE ET JE ME LANCE !! ...
BROOM

S'INSÉRER AU SEIN D'UNE CIRCULATION SANS PITIÉ FAIT PEUR, D'AUTANT PLUS QUE VOUS AUREZ À COORDONNER PIEDS ET MAINS POUR FAIRE AVANCER VOTRE SATANÉ ENGIN ...
EUH ... ET SI JE M'OCCUPAIS SEULEMENT DU VOLANT DANS UN PREMIER TEMPS ?!
BOC !
WAN WAN WAN
RESTEZ CALME ET SOUVENEZ-VOUS QUE LA MOYENNE NATIONALE EST DE 35 HEURES DE CONDUITE POUR L'OBTENTION DU DIPLÔME. VOUS AVEZ DONC LE TEMPS ... RIEN NE PRESSE !
POUSSEZ-VOUS, C'EST MOI QUE V'LÀÀÀÀÀ !!
SACHEZ TOUT DE MÊME QU'À 50 ANS VOUS AUREZ BESOIN D'ENVIRON 50 LEÇONS. LE TEMPS NE BONIFIANT QUE RAREMENT APPRENTISSAGE ET BONS RÉFLEXES ...
ET SI JE VOUS DIS QUE JE VIENS D'ÊTRE MAJEUR, LES 20 HEURES OBLIGATOIRES SUFFISENT ?! ...
NT, NT, NT ! ...
POUR COMMENCER, UN TOUR DE PÂTÉ DE MAISONS C'EST DÉJÀ BIEN ... L'IMPORTANT ÉTANT D'ASSIMILER. À CHACUN SON RYTHME ...
DEUX KILOMÈTRES EN UNE HEURE ! .. ELLE AVANCE PAS VOT' CAISSE !!
20

Conduire… une expérience nouvelle

“De quel genre d’expérience vous voulez parler ?”

Brigitte Bardot

AU BOUT DE QUELQUES SÉANCES, DE AUTOMATISMES SE CRÉENT. VOUS VOUS FAMILIARISEZ AVEC LA CONDUITE, L'INSTANT EST MAGIQUE...
AÏE, AÏE... J'SUIS PAS ENCORE TOMBÉ !!
PÔT - POT

BIEN SÛR, IL VOUS ARRIVE ENCORE DE VOUS "MÉLANGER" LES PÉDALES ; MAIS CE N'EST RIEN COMPARÉ AU PLAISIR QUE ROULER PROCURE...
MAIS ?!
NON, LÀ C'EST LA MARCHE ARRIÈRE ... PAS LA 4e !!
KRAÂÂAA...
DORÉNAVANT VOUS FAITES PARTIE DES INITIÉS. UNE SENSATION DE LIBERTÉ VOUS ENIVRE...
C'EST GÉNIAL ! ON POUSSE JUSQU'À DEAUVILLE ?
EN CINQ MINUTES, ON VA AVOIR DU MAL !!
DE CETTE EXPÉRIENCE VOUS SORTEZ GRANDI, GONFLÉ À BLOC. RIEN NE SEMBLE POUVOIR VOUS RÉSISTER...
TIENS, LÀ-BAS C'EST MA FUTURE MEUF ! ... ELLE VA ÊTRE VERTE DE VOIR COMMENT J'ASSURE !
HEUREUSEMENT QUE VOTRE MONITEUR EST LÀ POUR VOUS FAIRE REDESCENDRE SUR TERRE...
CÉKI CE CON ?!
ET BÉ, J'AURAIS PAS FREINÉ... T'AVAIS PLUS DE COPINE !!

Le moniteur

"Un moniteur sympa…
c'est 17 pouces minimum !"

Bill Gates

C'EST À LUI QUE VOUS DEVEZ TOUT, C'EST LUI QUI VOUS OUVRE LES PORTES D'UN UNIVERS NOUVEAU ET FASCINANT …
VOUS M'AVEZ TOUT APPRIS ! … VOUS ÊTES MON MAÎÎÎÎTRE !!
CE N'EST PAS CE QUE VOUS CROYEZ ! … ON RÉPÈTE UNE PIÈCE DE THÉÂTRE !

POURTANT LE MONITEUR EST UN TYPE COMME LES AUTRES ET, COMME PARTOUT, IL EN EXISTE DE BONS ET DE MOINS BONS … À VOUS DE CHOISIR !
BONJOUR, JE SUIS LA NOUVELLE ! …
AH OUAIS ! … BEN VOT' MONO C'EST MOI !!
LE MONITEUR - DRAGUEUR … UN CONSEIL : RÉFRÉNEZ SES ARDEURS, VOUS ÊTES LÀ POUR APPRENDRE À CONDUIRE.
POUR QUI VOUS M'PRENEZ ?! … J'VOIS BIEN QUE C'EST PAS LE LEVIER DE VITESSE !! …
AUTO ÉCOLE
LE MONITEUR "À LA BOURRE" … UN CONSEIL : RECULEZ LA PENDULE DE VOTRE VÉHICULE AFIN DE PROFITER D'UNE HEURE PLEINE.
DÉSOLÉ, JE NE VOUS AI PAS FAIT TROP ATTENDRE ?!
ZZZZ ?! HEIN QUOI ?!
AUTO ÉCOLE
LE MONITEUR - BLAGUEUR … OCCASIONNEZ-LUI QUELQUES FRAYEURS, ON EST PAS LÀ POUR DÉCONNER !
?!
… ET L'HISTOIRE DE L'AUTO-ÉCOLE QUI FAIT TROIS TONNEAUX, VOUS LA CONNAISSEZ ?!

LE MONITEUR "SHOPPING", CELUI QUI PROFITE DE VOS COURS POUR FAIRE SES COURSES ... PRENEZ RENDEZ-VOUS AVEC LUI LE LUNDI : LA PLUPART DES BOUTIQUES SONT FERMÉES.
VOUS AVEZ PRIS DEUX HEURES D'AFFILÉE !... PARFAIT, ON A LE TEMPS DE S'FAIRE UN CINÉ !
LE MONITEUR "BABA-COOL" ... PRIEZ POUR QUE LE JOUR DE L'EXAM', L'INSPECTEUR SOIT DE SA FAMILLE.
BON, ET MAINTENANT, J'PRENDS PAR OÙ ?! ...
BOAF, COMME TU VEUX ... MOI JE DORS ..!!
LE MONITEUR "PAQUET DE NERFS" ... RESTEZ ZEN !
GNIII ! ... ELLE SENTENT BON VOS CIGARETTES ! ... C'EST QUOI ? ...
HEIN C'EST QUOI ?! ... C'EST D'L'EUCALYPTUS ?!!
PRESQUE ! TU VEUX UNE TAFFE ?
LE MONITEUR "SANS GÊNE" ... SACHEZ PRENDRE LES DEVANTS !
AAAAARGH !! ... C'EST QUOI QUI PUE COMME ÇA ?!
C'EST MOI !! ... CE COUP-CI J'AI PÉTÉ AVANT VOUS !
L'EX-MILITAIRE RECONVERTI MONITEUR ... TENTEZ HABILEMENT DE VOUS FAIRE RÉFORMER.
EUH DITES CHEF, ÇA VOUS DIRAIT DE V'NIR CE SOIR DÎNER À LA MAISON ?
... EN TÊTE À TÊTE ?!
?!
VOUS L'AVEZ COMPRIS, LE MONITEUR, IL VA FALLOIR FAIRE AVEC ... PARCE QUE, POUR LE MOMENT, FAIRE SANS EST INTERDIT !
ALORS JEUNE HOMME, ON CONDUIT SANS INSTRUCTEUR ?!
MAIS PUISQUE J'VOUS DIS QUE C'EST MOI LE MONITEUR ! ...
23

Eviter les autres

"Et pour quoi faire ?
Tout le monde m'adore !"

Alain Delon

SI LE SENS UNIQUE OU LE SENS GIRATOIRE NE VOUS POSENT PLUS DE PROBLÈME, LE SENS DE L'ANTICIPATION, LUI, RISQUE DE VOUS DONNER DU FIL À RETORDRE...
PURÉE, J'L'AI PAS VU V'NIR CELUI-LÀ !!

LA ROUTE EST TRUFFÉE D'IMPRÉVUS ET LE PLUS IMPRÉVISIBLE D'ENTRE EUX EST LA RÉACTION DE L'AUTRE...
?!
BB-BROOÔÔC
Y EN A MARRE !! J'VAIS LE TRIPLER CELUI-LÀ !
C'EST COMME SI, UNE FOIS LEUR PERMIS EN POCHE, LES GENS S'AUTORISAIENT À FAIRE N'IMPORTE QUOI...
CHÉRIIII !... LE STOOOOP !!
T'INQUIÈTE MOUMOUNE, J'CONNAIS LA ROUTE, Y'A JAMAIS PERSONNE !!
?!!
POUR LE DÉBUTANT, DÉCELER LE DÉTAIL AVANT-COUREUR D'UN FREINAGE D'URGENCE RELÈVE D'UNE ACUITÉ D'OBSERVATION HORS DU COMMUN...
AÏE, AÏE, AÏE ! ... SI LA VIOC TRAVERSE EN COURANT, J'VAIS PAS POUVOIR L'ÉVITER !!
FROT FROT
IL VA DONC FALLOIR, EN CAS EXTRÊME, ÊTRE SÛR DE SON GESTE ET DE SA DÉCISION...
ET MERD... SI J'ÉVITE LE HÉRISSON, J'ME PAYE LE PLATANE !
24

La conduite en ville

SI LA CONDUITE EN VILLE USE LES NERFS BIEN PLUS RAPIDEMENT QUE VOTRE COMPTEUR KILOMÉTRIQUE, ELLE N'EN DEMEURE PAS MOINS INTÉRESSANTE...
TU TE TROMPES JÉRÔME, C'EST PAS UN TUNNEL... C'EST L'ARC DE TRIOMPHE !!

" Il tape sur des bambous
et c'est numéro un..."

Philippe Lavil

SE FAUFILER SANS SE DÉFILER PEUT PARAÎTRE AUX YEUX DU NOVICE COMME UN JEU SANS GRAND DANGER (tout au plus un rétroviseur d'arraché).
BEN, DISONS QUE ÇA CHANGE DU SCOOTER !! ...
VROÛ
MAIS TAPER UNE MOYENNE DE 15 km/h PEUT FINIR PAR LASSER ET C'EST POUR ÇA QU'EN AGGLOMÉRATION, BEAUCOUP OPTENT POUR LE DEUX-ROUES...
FAUT DIRE QUE LES TROTTOIRS SONT FLUIDES AUJOURD'HUI !
VRÔ
VRO
ÉVITEMENT DE PORTIÈRES, MANQUER DE PEU DE SE FAIRE BROYER CONTRE UN RAIL DE SÉCURITÉ EST EN EFFET BIEN PLUS RIGOLO...
ALORS, TU T'ES BIEN ÉCLATÉ ?
AH ÇA, TU PEUX L'DIRE !! ...
ET TOUT CELA POURQUOI ?... POUR ÉCHAPPER AUX TRANSPORTS EN COMMUN AUX HEURES DE POINTE !
AH BEN LÀ, JE CROIS QUE VOTRE FORFAIT "20 HEURES" VA ÊTRE GRILLÉ EN UNE SÉANCE !!...

La conduite sur les axes rapides

"Si tu veux être speed, j'ai un tuyau !!"

Maradonna

QUOI DE PLUS GRISANT QUE D'APPUYER SUR LE CHAMPIGNON. L'ESPRIT LIBRE, VOUS N'AVEZ QU'À VOUS CONCENTRER SUR CE RUBAN DE BITUME QUI DÉFILE ...
WHOAH, L'DÉLIRE !! ... J'SUIS À COMBIEN ?!
À 90 ! ... MAIS EN SECONDE, ÇA SEMBLE TOUJOURS PLUS IMPRESSIONNANT !!
VROO

LA LIGNE DROITE, ÇA VA ... MAIS QU'ALLEZ-VOUS FAIRE AU PREMIER VIRAGE VENU ?
NOTRE PÈRE QUI ÊTES AUX CIEUX, QUE TON NOM ...

À MOTO, LA SENSATION EST ENCORE PLUS IMPRESSIONNANTE ; SURTOUT QUAND VOUS DEVEZ PRENDRE DE L'ANGLE POUR VIRER SERRÉ ...
... SOIT SANCTIFIÉ, QUE TON RÈGNE VIENNE ...
W-ROOÂR

GARDEZ CONFIANCE EN VOUS, ÉVITEZ DE PENSER À CE QU'IL POURRAIT ARRIVER EN CAS DE CHUTE ...
HOULÀ, MAUVAIS PRÉSAGE ! ...
BOUCHERIE
POMPES FUNÈBRES

À VITESSE ÉLEVÉE VOS SENS SONT EN ÉVEIL ET C'EST SEULEMENT UNE FOIS À L'ARRÊT QUE VOUS APPRÉCIEZ L'AMPLEUR DE VOTRE "EXPLOIT" ...
ALORS ?!
TROP COOL ! J'AI MÊME PAS FLIPPÉ !!
POT POT

Les intempéries

"Vive le vent vive le vent, d'hiver !"

Le Père Noël

S'AJOUTANT À LA LONGUE LISTE DES NOMBREUX DANGERS : LES INTEMPÉRIES ... OU QUAND LA MÉTÉO S'EN MÊLE.
...
C'EST QUAND VOUS VOULEZ !!

LE BROUILLARD : RALENTISSEZ, ALLUMEZ VOS FEUX, CONTINUEZ À ESSAYER DE DISCERNER LA ROUTE ...
TANT QUE ÇA NE SE LÈVE PAS, J'BOUGE PAS !!
... TROP DANGEREUX !
KATAKATO !!
NEIGE ET VERGLAS : RALENTISSEZ, ALLUMEZ VOS FEUX ET SERREZ LES FESSES ...
BON, RECALÉ !! ... MAIS JE VOUS DONNE QUAND MÊME VOTRE 3e ÉTOILE !
?!
LE VENT : RALENTISSEZ ET ESSAYEZ DE GARDER LE CAP ...
SPAF !
LE SÉISME D'AMPLITUDE ? : INVENTEZ UN PRÉTEXTE BIDON AFIN DE REPORTER VOTRE LEÇON DE CONDUITE ...
ALLO "FUN-AUTO" ?! ... JE VAIS AVOIR UN LÉGER CONTRETEMPS !!
27

La conduite

Les manœuvres difficiles

"J'vois de quoi vous voulez parler !"

Ray Charles

NUMÉRO 1 AU HIT DE LA MANOEUVRE DIFFICILE : LE CRÉNEAU...
BON, GAREZ-VOUS LÀ !
VOUS RIGOLEZ ?! JAMAIS ÇA RENTRE !... ET PIS UN PEU PLUS LOIN Y A TOUJOURS DES PLACES DE LIBRES !

POUR RÉUSSIR CE GENRE DE PERFORMANCE, IL FAUT ÉVITER D'ACCROCHER LES VÉHICULES GARÉS TOUT EN S'ABSTENANT DE SE "BOUFFER" LE TROTTOIR...
ALORS, VOUS ÊTES CONTENT ?!
LE PIRE : LE CRÉNEAU SUR LA GAUCHE EN DESCENTE...
J'LE SAVAIS, CE TYPE EST UN SADIQUE !!
AUTRE DIFFICULTÉ : LE DÉMARRAGE EN CÔTE...
EUH !... C'EST QUI QUI DESCEND POUR POUSSER ?
PREMIÈRE SOLUTION : UTILISER LE FREIN À MAIN...
C'EST BON, VOUS POUVEZ LE DESSERRER MAINTENANT !!
VROÔÔ
28

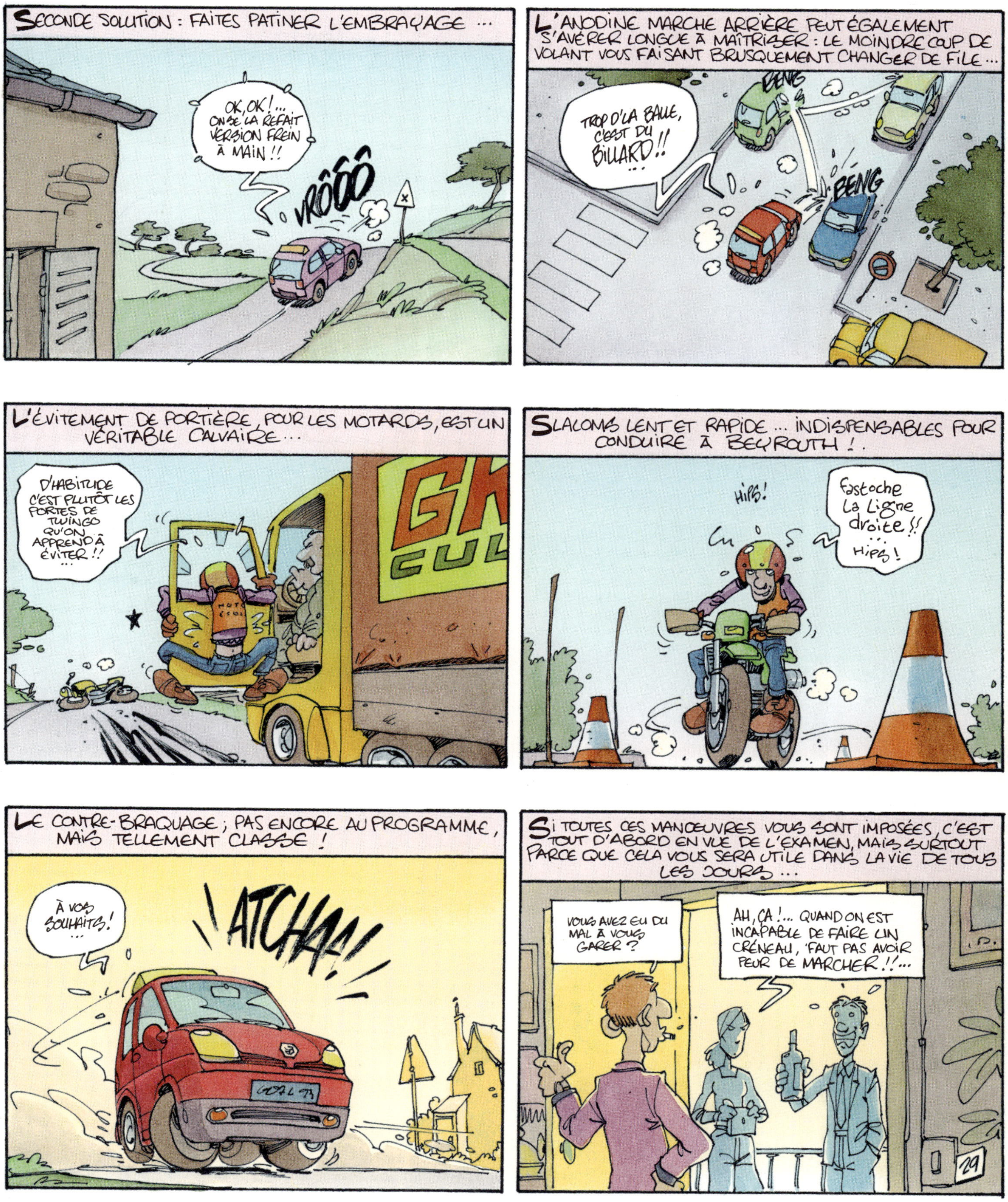
SECONDE SOLUTION : FAITES PATINER L'EMBRAYAGE ...
OK, OK !... ON SE LA REFAIT VERSION FREIN À MAIN !!
VRÔÔÔ
L'ANODINE MARCHE ARRIÈRE PEUT ÉGALEMENT S'AVÉRER LONGUE À MAÎTRISER : LE MOINDRE COUP DE VOLANT VOUS FAISANT BRUSQUEMENT CHANGER DE FILE ...
TROP D'LA BALLE, C'EST DU BILLARD !! ...
BENG
BENG
L'ÉVITEMENT DE PORTIÈRE, POUR LES MOTARDS, EST UN VÉRITABLE CALVAIRE ...
D'HABITUDE C'EST PLUTÔT LES PORTES DE TWINGO QU'ON APPREND À ÉVITER !! ...
SLALOMS LENT ET RAPIDE ... INDISPENSABLES POUR CONDUIRE À BEYROUTH !.
HIPS !
Fastoche la Ligne droite !! ... Hips !
LE CONTRE-BRAQUAGE ; PAS ENCORE AU PROGRAMME, MAIS TELLEMENT CLASSE !
À VOS SOUHAITS ! ...
ATCHAA !
SI TOUTES CES MANOEUVRES VOUS SONT IMPOSÉES, C'EST TOUT D'ABORD EN VUE DE L'EXAMEN, MAIS SURTOUT PARCE QUE CELA VOUS SERA UTILE DANS LA VIE DE TOUS LES JOURS ...
VOUS AVEZ EU DU MAL À VOUS GARER ?
AH, ÇA !... QUAND ON EST INCAPABLE DE FAIRE UN CRÉNEAU, 'FAUT PAS AVOIR PEUR DE MARCHER !! ...

Ça y est, vous maîtrisez !

"J'vais tous les griller !"

Niki Lauda

VU LE NOMBRE D'HEURES QUE VOUS VENEZ DE DÉPENSER, C'EST VOTRE BANQUIER QUI VA SE RÉJOUIR DE LA NOUVELLE ...
SALUT FRANCIS ! ALORS, PRÊT POUR LA BALADE ?!
... METS TA CEINTURE, ÇA VA CHAUFFER !
?!

PARFAITEMENT À L'AISE, VOUS VOUS FAUFILEZ TEL LE VER SOLITAIRE LE LONG DE L'INTESTIN GRÊLE ...
?!
POPOPOPOM ! ... AU FAIT, Y A PAS D'AUTO RADIO DANS VOT' CAISSE ?!
... VOUS SAVEZ MAINTENANT ÉVITER LES IMPRUDENTS ...
PARDON, S'CUSEZ-MOI !!
!
... MANOEUVRER SANS PROBLÈMES ...
ET HOP, VOILÀ L'TRAVAIL !! ...
... ET MÊME ANTICIPER LES RÉACTIONS DE VOTRE MONITEUR !
TIENS, J'AI VU UNE BOULANGERIE D'OUVERTE ... J'ME GARE ?!
BOULA

VOTRE AISANCE SUSCITE L'ADMIRATION...
CHAPEAU!
BRAVO!
LA CLASSE!
CLAP CLAP CLAP
CLAP CLAP
CIRCULER DEVIENT UN JEU... UNE SECONDE NATURE, PARFOIS MÊME UNE OBSESSION.
CONDUIRE, CONDUIRE! TU N'PEUX PAS PARLER D'AUTRE CHOSE?!
CH'SAIS PAS, MOI! CHUR QUOI TU VEUX EMBRAYER?!
EN UN MOT, VOUS ÊTES PRÊT... À POINT POUR L'ULTIME ÉPREUVE.
BON, C'EST QUAND?
HEIN?!
C'EST QUAND?
TU SAIS?
ARF
ARF
LE FORMATEUR L'A BIEN COMPRIS ET COMME VOUS COMMENCEZ À LUI COÛTER CHER EN ESSENCE, IL VA SE RÉSOUDRE AU FAIT DE VOUS INSCRIRE ENFIN SUR LES LISTES DES CANDIDATS AU PERMIS...
YEAH!... 138 km 500 EN UNE HEURE, C'EST D'LA BONNE MOYENNE ÇA!... HEIN FRANCIS?!
HOULÀ, CELUI-LÀ IL FAUT QUE J'M'EN DÉBARRASSE!
CERTES IL FERA SON OFFICE, MAIS EN PRENANT BIEN SOIN DE CHOISIR UNE DATE ÉLOIGNÉE...
DÉSOLÉ MAIS Y A PLUS D'PLACE POUR CE MOIS-CI... ET COMME APRÈS L'INSPECTEUR EST EN VACANCES, ÇA RISQUE DE REPOUSSER D'UN CHOUILLE!!
...JUSTE HISTOIRE DE CASER ENCORE QUELQUES LEÇONS: L'IMPORTANT ÉTANT SOI-DISANT DE NE PAS PERDRE LA MAIN AVANT L'EXAMEN!
Encore 1F ou 2 pour ne plus traîner dans le métro...

La bonne affaire

"Qu'est-ce que vous dites ?!
Se faire la bonne ?"

Eddy Barclay

LE JOUR "J" APPROCHE ET SI VOUS N'AVEZ TOUJOURS PAS DE VÉHICULE, L'HEURE EST PEUT-ÊTRE VENUE D'EN CHERCHER UN...
ET LA PETITE DÉCAPOTABLE ROUGE, LÀ, ELLE TE BRANCHE PAS ?!
BOAF, POUR COMMENCER C'EST P'TÊT UN PEU VOYANT !...

FAITES LES PETITES ANNONCES : MIEUX VAUT CABOSSER UNE MACHINE À 10 000 FRANCS QU'À 100 000 OU PLUS...
C'EST CELLE-LA ?! ...
NON, C'EST CELLE D'À CÔTÉ !!

NE GRILLEZ PAS LES ÉTAPES, CHOISISSEZ UN ENGIN DANS LA GAMME DE CEUX QUE VOUS AVEZ L'HABITUDE DE CONDUIRE...
HOULÀ, ELLE A VÉCU CELLE-LA !!...
PEUT-ÊTRE, MAIS ELLE A QUASI PAS DE BORNES !!
MOTO ÉCO

MÉFIEZ-VOUS DES PLANS ARNAQUES. NE CRAQUEZ PAS SUR UNE MARQUE MAIS PLUTÔT SUR L'ÉTAT DU VÉHICULE...
VOUS ÊTES CERTAIN QUE C'EST UNE PORSCHE ?!
OUAIP !... ET DE COLLECTION, Y EN A PLUS DES COMME ÇA !!

EN RÉSUMÉ, NE VOUS ENDETTEZ PAS TROP. VOUS ALLEZ BIENTÔT DEVOIR PENSER À L'ASSURANCE, LA VIGNETTE, LA CARTE GRISE, L'ESSENCE, L'ENTRETIEN, LE CONTRÔLE TECHNIQUE, ETC.
TIENS, STÉPHANE !... ÇA FAIT LONGTEMPS QU'ON T'A PAS VU !
SALUT PAPY !... DIS, TU L'AS ENCORE TA 204 ?!
32

L'angoisse de la veille

"C'est vrai, y a de quoi se faire de la bile !"
Nostradamus

Vomissements, maux de ventre, tremblements et sueurs froides : voilà ce qui vous attend...
C'est certainement le palu !... Il va falloir rester alitée une bonne semaine !!
Mais c'est pas possible !... Je passe mon permis demain !!

L'examen, quel qu'il soit, fait peur. Un conseil, restez zen...
Un aller-retour Tibet, plus une formation de moine... c'est possible en 24 heures ?!
AIR BOUDDHA
Rassurez-vous, positivez plutôt que de psychoter...
Ouaip, de toutes façons, si je rate, j'évite peut-être de rester paralysé dans un accident de la route !...
Rien de tel pour se changer les idées que de sortir un peu... le tout étant de ne pas abuser !
Allez Paulo !... J'paye ma tournée !!
Nân !... J'arrête ! Hips !... Dans trois heures j'prends l'volant !
Si vous préférez rester seul, bouquinez ou regardez un peu la télé. Ne vous couchez pas trop tard.
Une forte dépression amènera des brouillards givrants sur tout le territoire. Il faudra être prudent surtout si vous devez prendre la route...
33

Le jour J

Pour passer une bonne nuit

"Les insomnies, je sais ce que c'est !"

Nosferatu

MAINTENANT IL FAUT DORMIR, SE DÉBARRASSER DE SES ANGOISSES, FAIRE LE VIDE…
ET UNE FOIS QU'ON A VIDÉ LE FRIGO, ON FAIT QUOI ?!

USÉE JUSQU'À LA TRAME, LA RECETTE DE "COMPTER LES MOUTONS" PEUT S'AVÉRER EFFICACE…
ALLEZ, ESSAYEZ ENCORE, ÇA VA FINIR PAR VENIR…
MERD… J'AI OUBLIÉ DE PROGRAMMER LE RÉVEIL !!
2:40
TROUVER LE SOMMEIL DANS CE GENRE DE CIRCONSTANCES N'EST PAS FACILE. EXCEPTIONNELLEMENT, UN PETIT CALMANT PEUT VOUS SOULAGER…
TEMESTA, C'EST QUOI ÇA ? J'ESPÈRE QUE ÇA NE CONTIENT PAS DE VITAMINE C !!
MAIS N'ABUSEZ PAS TOUT DE MÊME… DEMAIN IL VA FALLOIR SE RÉVEILLER !
ALLÔ, C'EST JACKY !… BEN POURQUOI T'ES PAS VENUE ?!
TEMESTA
34

L'inspecteur

"Ah !, c'était l'bon vieux temps !"
Commissaire Moulin

C'EST LE GRAND JOUR ET, FIDÈLE AU POSTE : CE TYRAN D'INSPECTEUR...
ATTENTION LE V'LÀ !...
C'EST LUI ?
OUAIP, IL A PAS L'AIR COMMODE !...
PARAÎT QUE C'EST UN ANCIEN NAZI !...
... LE PIRE DU DÉPARTEMENT !!
J'AI PEUR !
PO-POPOM !...

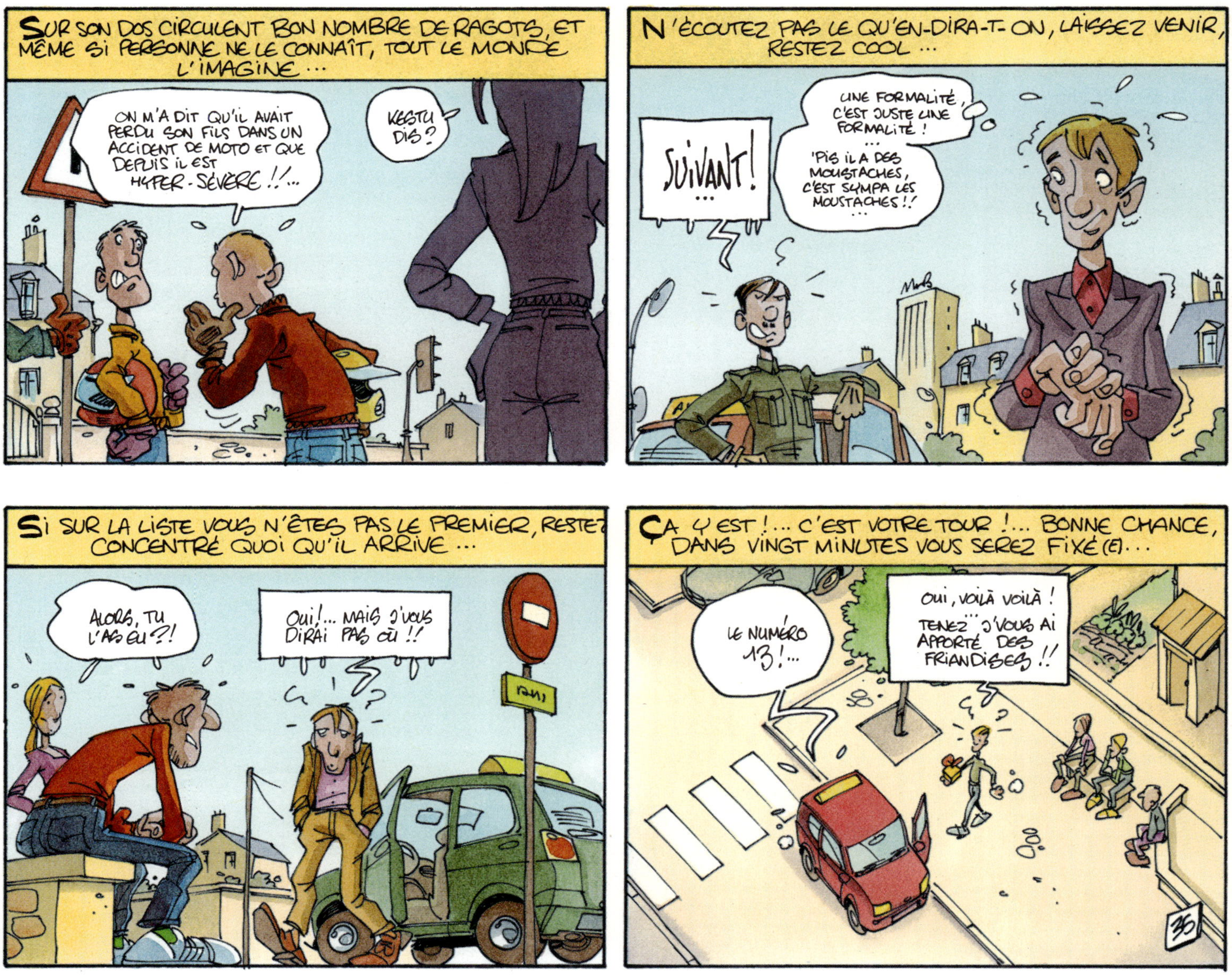
SUR SON DOS CIRCULENT BON NOMBRE DE RAGOTS, ET MÊME SI PERSONNE NE LE CONNAÎT, TOUT LE MONDE L'IMAGINE...
ON M'A DIT QU'IL AVAIT PERDU SON FILS DANS UN ACCIDENT DE MOTO ET QUE DEPUIS IL EST HYPER-SÉVÈRE !!...
KESTU DIS ?
N'ÉCOUTEZ PAS LE QU'EN-DIRA-T-ON, LAISSEZ VENIR, RESTEZ COOL...
SUIVANT !...
UNE FORMALITÉ, C'EST JUSTE UNE FORMALITÉ !...
'PIS IL A DES MOUSTACHES, C'EST SYMPA LES MOUSTACHES !!...
SI SUR LA LISTE VOUS N'ÊTES PAS LE PREMIER, RESTEZ CONCENTRÉ QUOI QU'IL ARRIVE...
ALORS, TU L'AS EU ?!
OUI !... MAIS J'VOUS DIRAI PAS OÙ !!
ÇA Y EST !... C'EST VOTRE TOUR !... BONNE CHANCE, DANS VINGT MINUTES VOUS SEREZ FIXÉ(E)...
LE NUMÉRO 13 !...
OUI, VOILÀ VOILÀ !... TENEZ J'VOUS AI APPORTÉ DES FRIANDISES !!

Le permis auto

LE CERVEAU VIDE, LA LANGUE SÈCHE, VOUS VOUS INSTALLEZ AU VOLANT DE LA VOITURE ÉCOLE. PREMIER RÉFLEXE : ATTACHEZ VOTRE CEINTURE ET RÉGLEZ VOTRE RÉTROVISEUR...
HUM, HUM !.. C'EST À L'AVANT QUE ÇA SE PASSE, JEUNE HOMME !
AUTO
AH BON, MÊME AUJOURD'HUI ?!

"L'auto ?!... C'est pas facile, c'est cher, et ça ne peut pas rapporter gros !"

La Française des Jeux

QUELQUES QUESTIONS SIMPLES VOUS SERONT POSÉES... JUSTE HISTOIRE DE VOUS METTRE EN "CONFIANCE".
POUVEZ-VOUS ME DONNER LE NUMÉRO DE LA PLAQUE D'IMMATRICULATION DU VÉHICULE GARÉ JUSTE DEVANT NOUS ?!
AÏE, C'ÉTAIT QUOI DÉJÀ ?... ARGH, BON SANG, J'AURAIS PAS DÛ FAIRE D'IMPASSE !!
MÊME SI CALER N'EST PAS ÉLIMINATOIRE, IL VA FALLOIR RÉUSSIR À DÉMARRER... VOUS VOILÀ PARTI, L'ÉPREUVE COMMENCE.
ALLONS, CALMEZ-VOUS !... FAITES COMME SI JE N'ÉTAIS PAS LÀ !!
BROROO
DEUX MINUTES QUE VOUS ROULEZ ET POUR L'INSTANT TOUT SE PASSE BIEN...
P'TAIN J'ASSURE COMME UNE BÊTE !... OUAIS, COMME U-NE-BÊTE !!
PLUS QU'UN QUART D'HEURE ET C'EST DANS LA POCHE. PREMIÈRE DIFFICULTÉ : UN CROISEMENT SE PROFILE À L'HORIZON...
AU CARREFOUR, VOUS PRENDREZ À DROITE !
J'EN ÉTAIS SÛR... C'EST UN CAPITALISTE !!

VOUS NE VOUS EN ÊTES PAS MAL SORTI, L'INSPECTEUR N'A PAS EU À INTERVENIR ...
FÉLICITATIONS, VOUS N'ÊTES PAS TOMBÉ DANS LE PANNEAU, À DROITE C'ÉTAIT INTERDIT !!
PFOU !... HEUREUSEMENT QUE JE CONFONDS MA DROITE ET MA GAUCHE !! ...
INSTANT DE STRESS : UNE MANOEUVRE PRÉCISE VOUS EST DEMANDÉE ...
GAREZ-VOUS LÀ !...
JE SAIS !... VOUS VOULEZ QUE JE FASSE UN CRÉNEAU ! ... J'AI BIEN RÉPONDU ? HEIN ?! ... C'EST ÇA ?
COUP DUR, VOUS VENEZ DE VOUS PAYER LE TROTTOIR. UN COURT INSTANT, LE TEMPS VOUS SEMBLE COMME SUSPENDU, VOUS VOUS DÉCOMPOSEZ, IL VA FALLOIR RECOMMENCER ...
WHOÂAH, FRANCHEMENT, Y'A PAS IDÉE DE FOUTRE DES REBORDS AUX ROUTES !!
OUAIS, TU PEUX NOTER : "LES TROTTOIRS C'EST D'LA DAUBE !!"
D'UN COUP D'UN SEUL ET D'UN TON SEC, L'INSPECTEUR VOUS SOMME DE FAIRE DEMI-TOUR ... VOTRE TEMPS IMPARTI EST ÉCOULÉ, DANS CINQ MINUTES VOUS ALLEZ SAVOIR CE QU'IL PENSE DE VOTRE CONDUITE.
QUOI, DÉJÀ ?! TU VEUX PAS VOIR COMMENT J'MAÎTRISE LE DÉRAPAGE CONTRÔLÉ ?! ...
VRÔ ROOO
LE CHEMIN DU RETOUR SE FERA DANS UNE AMBIANCE DE MORT. DIFFICILE DE RESTER CONCENTRÉ DANS DE TELLES CONDITIONS ...
SI JE L'AI, J'ARRÊTE DE FUMER ET JE NE CRITIQUE PLUS MON PROCHAIN !...
RETOUR AU POINT DE DÉPART. L'INSPECTEUR GRIFFONNE NERVEUSEMENT QUELQUES MOTS SUR UN BOUT DE PAPIER. QUELLE VA ÊTRE SA DÉCISION ?
SI JE SUIS RECALÉE, J'LUI FAIS LE PLAN DE LA FEMME ENCEINTE SOUTIEN DE FAMILLE QUI VIENT DE PERDRE SES PARENTS !...

Le permis moto

"Quelqu'un me demande ?"

Isoroku Yamamoto

VOUS AIMEZ LA DIFFICULTÉ, VOUS ALLEZ ÊTRE SERVI. LE PERMIS "DEUX ROUES" EST RELATIVEMENT CORSÉ...
ET ON ENLÈVE LES STABILISATEURS !
AH BON, C'EST PAS HOMOLOGUÉ ?! ...

FRAGMENTÉ EN DEUX PARTIES, L'EXAMEN DÉBUTE PAR L'ÉPREUVE DITE DES PLATEAUX...
J'Y ARRIVERAI JAMAIS ! DÉJÀ QUE J'DIGÈRE PAS LES PLATEAUX DE FRUITS DE MER !
VOUS ÊTES PRÊT ?
CLOC CLOC !
CETTE PARTIE PLATEAUX CONSISTE À ÉVOLUER ENTRE DES QUILLES SERRÉES, PERMETTANT DE REPRODUIRE LES SITUATIONS D'URGENCE...
DÉSOLÉ, MAIS...
BEN QUOI ?!, J'AI ÉVITÉ TOUS LES PLOTS !
VRÔÔ-ÔÔ
CE PARCOURS DOIT ÊTRE RÉALISÉ DANS UN TEMPS QUE SEUL L'ENTRAÎNEMENT PERMET DE RÉUSSIR...
C'EST QUOI DÉJÀ LE RECORD DU MONDE DU RAPIDE ?!
ROAR
LE SLALOM LENT : ÉPREUVE DE MANIABILITÉ, AVEC OU SANS PASSAGER...
RECALÉ !... VOUS AVEZ RENVERSÉ TOUTES LES QUILLES !!
C'EST PAS MOI !... C'EST LE GROS DE DERRIÈRE QUI DÉBORDE !!
?!
POT POT, POT
38

SIMPLE FORMALITÉ, L'ÉPREUVE DE CIRCULATION COMPORTE NÉANMOINS DE NOMBREUX PIÈGES...
ET MERD... LA BÉQUILLE !!
SUIVANT !
KRAC
ASSIS CONFORTABLEMENT À BORD D'UNE VOITURE-BALAI, L'INSPECTEUR SE MOQUE DES INTEMPÉRIES...
BON, ALLEZ, ON SE REFAIT UNE PORTION D'AUTOROUTE !
... JUSTE POUR LE PLAISIR !!
MONTRER DE L'ASSURANCE TOUT EN N'ENFREIGNANT PAS LE CODE DE LA ROUTE EST DÉLICAT...
ARGH !... TOUSS, TOUSS !... ENFOIRÉ !... EN TEMPS ORDINAIRE, J'T'AURAIS ENRHUMÉ !
UN CONSEIL : ÉVITEZ DE SEMER TROP RAPIDEMENT L'EXAMINATEUR...
Scriiitch !... À la sortie de la ville, Arrêtez-vous... Scriiitch !... Nous allons vous Rejoindre.
AH, ZUT !... 'FAUT FAIRE DEMI-TOUR !!
BRO-Ô
LE TOUR DE MANÈGE EST TERMINÉ, RETOUR CASE DÉPART. SOUS PRESSION, VOS NEURONES COURT-CIRCUITENT...
SI JE L'AI, JE DEVIENS RAISONNABLE... J'ACHÈTE UN 750, PAS PLUS !...
L'INSPECTEUR GRIFFONNE QUELQUES MOTS SUR UN BOUT DE PAPIER. QUELLE VA ÊTRE SA DÉCISION ?
... ET SI JE SUIS RECALÉ, J'LUI FAIS L'PLAN DU MEC QU'A PLEIN DE POTES QUI VONT LUI CASSER LA GUEULE !!
39

Réussi !

"Pourtant les échecs, c'est bien aussi !"

Kasparov

INSTANT DE GRÂCE, L'INSPECTEUR VOUS TEND VOTRE PERMIS D'UN COUP D'UN SEUL, SON VISAGE VOUS SEMBLE PLUS JOVIAL, PRESQUE FAMILIER...
MERCI VIEUX FRÈRE !... ALLEZ VIENS, ON S'FAIT LA TOURNÉE DES BISTROTS EN BAGNOLE !!
SPAF

DEPUIS LE TEMPS QUE VOUS ATTENDIEZ CE MOMENT, VOUS VOYEZ ENFIN VOS EFFORTS RÉCOMPENSÉS...
TROP D'LA BOMBE !... DIRECT J'FAIS FÉTER LE GSX-R-NINJA 1100 !
KRI

SI VOUS AVEZ ÉCHOUÉ (ça peut arriver) RECULEZ DE HUIT PLANCHES...
À FORCE, J'VAIS CONNAÎTRE CETTE BD PAR COEUR !!
PERMIS CON

NE CRIEZ TOUT DE MÊME PAS VICTOIRE TROP VITE. VÉRIFIEZ VOS RÉTROS AVANT DE SORTIR DU VÉHICULE...
SBENG
AÏE !... JE L'AIIII !!! OUPS !
REDONNEZ-MOI VOTRE PERMIS UNE SECONDE !

MÊME SI CE DIPLÔME VOUS REND EUPHORIQUE, RESTEZ HUMAIN : AYEZ DE LA COMPASSION ENVERS CEUX QUI N'ONT PAS EU VOTRE CHANCE...
ALLONS, FAIS PAS CETTE TÊTE-LÀ !... ALLEZ J'TE PAYE UNE KRO POUR FÊTER MA RÉUSSITE !!
40

Le retour triomphal

"Veni, vidi, vici… L'permis !"

Jules César

L'HEURE DE RÉGLER SES COMPTES A SONNÉ. INTOUCHABLE, VOUS DÉBORDEZ D'HUMOUR…
TIENS, GÉRARD !… Y A UNE BOULANGERIE D'OUVERTE, TU VEUX QU'ON S'ARRÊTE ?! …
BOULANGE
HA HA
HA HA HA HA

CEUX QUI ONT UN JOUR DOUTÉ DE VOUS FERAIENT MIEUX D'ÉVITER DE CROISER VOTRE CHEMIN…
SALUT TOUT L'MONDE !… PRÉPAREZ VOS BILLETS, AUJOURD'HUI J'VAIS EMPRUNTER À MAX !!
BANQUE
ET TOUT LE MONDE EN PREND POUR SON GRADE : DE LA CONCIERGE AU VOISIN À LA GS BREAK…
HOULÀ P'TIT PÈRE, 'FAUT Y ALLER MOLLO SUR LE STARTER !!
?!
…EN PASSANT PAR LA PÉTASSE ET SON RIDICULE POT DE YAOURT !
TU VOIS POUPÉE, NON SEULEMENT TU NE M'IMPRESSIONNES PAS, MAIS EN PLUS TU NE M'INTÉRESSES PLUS !
NE FRIMEZ TOUT DE MÊME PAS TROP, GARDEZ EN TÊTE QUE VOUS N'ÊTES PAS LE PREMIER À AVOIR RÉUSSI CE GENRE D'EXPLOIT…
ALORS, MORVEUX !… ON T'A PAS APPRIS À TRAVERSER DANS LES CLOUS ?!

C'est dans la poche

Arroser ça comme il se doit !

" Arrosez abondamment
pour obtenir une belle gerbe !"

Nicolas le jardinier

VOUS VENEZ DE FAIRE LE BONHEUR DE FRANCE TELECOM : VOTRE FAMILLE ET TOUS VOS AMIS SONT MAINTENANT AU COURANT DE LA BONNE NOUVELLE…
AH, BRAVO MA CHÉRIE !… ALORS TU VAS POUVOIR EMMENER TON PÉPÈRE À SA CURE DE THALASSO !!

LA SOIRÉE RISQUE D'ÊTRE TORRIDE. ALLÉCHÉS PAR L'ODEUR D'UNE FIESTA TOUS FRAIS PAYÉS, VOS POTEAUX ONT RÉPONDU À L'APPEL. CETTE NUIT, C'EST VOUS LE HÉROS…
ALLEZ, PASSE DEVANT ET MONTRE-NOUS C'QUE TU SAIS FAIRE !!
HA HA
HA HA
HA
HA
BREÊÊT
CAFÉ, RESTO OU BOÎTE DE NUIT, IL VA FALLOIR VOUS RÉSOUDRE À ABANDONNER QUELQUES OPTIONS SUR VOTRE FUTUR VÉHICULE…
BAR des amis
HEP, PATRON !… UNE NOUVELLE TOURNÉE, C'EST LE JEUNE HOMME, LÀ, QUI RÉGALE !
EH OH, LES GARS !… J'AI EU MON PERMIS, PAS TIRÉ LES BONS NUMÉROS DU LOTO !!
BOIRE OU CONDUIRE, EN GÉNÉRAL, POUR CE GENRE D'ÉVÉNEMENT, IL VA FALLOIR FAIRE LES DEUX…
AAAARGH !!… C'EST QUI QU'A GERBÉ DANS MON CASQUE ?!
FLOCH !
ATTENTION TOUT DE MÊME SUR LE CHEMIN DU RETOUR, D'AUTRES SORTES D'INSPECTEURS PEUVENT VOUS ATTENDRE AU COIN DE LA RUE…
AH, QUEL DOMMAGE !… VOUS N'AUREZ PAS PROFITÉ DE VOTRE PERMIS PLUS DE 24 HEURES !!
C'EST À CAUSE DE TOUS LES PÉTARDS… ÇA DONNE SOIF !!
42

Un bijou à bichonner

"… Et que ça brille !"

Monsieur Propre

ET CÔTÉ VÉHICULE, VOUS EN ÊTES OÙ ? AVEZ-VOUS TROUVÉ CELUI DE VOS RÊVES ? CELUI AU VOLANT DUQUEL VOUS ALLEZ POUVOIR VOUS PAVANER…
EN RAJOUTANT DES SIÈGES BAQUETS ET UNE DÉCO RACING, ÇA DEVRAIT FAIRE LA BLAGUE !! …

ROUILLÉE OU CLINQUANTE, POUSSIVE OU PERFORMANTE, L'AUTO OU LA MOTO QUE VOUS AVEZ DÉGOTTÉE SERA SYNONYME DE LIBERTÉ…
JE N'RECONNAIS PLUS PERSONNE EN MO-TO-BÉ-CANE !!
BEN MOI, J'T'AI RECONNUE… ET J'VAIS PORTER PLAINTE POUR NUISANCE SONORE …
ET POLLUTION INTEMPESTIVE !!
PLOT
PLOT.
BIEN SOUVENT EMPRUNTÉE À UNE TIERCE PERSONNE, VOUS ALLEZ POUVOIR VOUS FAIRE LA MAIN SANS DÉBOURSER LE MOINDRE CENTIME…
BON, J'TE CONFIE LES CLÉS, MAIS SIGNE-MOI QUAND MÊME UNE DÉCHARGE EN CAS D'ACCIDENT !…
MERCI 'PA !
AH QUE LA VIE SERA BELLE… DÈS QU'IL AURA LE DOS TOURNÉ !
… VAS-Y MOLLO AVEC L'EMBRAYAGE PARCE QUE LA BOÎTE DE VITESSE EST NEUVE, QUOI D'AUTRE ?… AH OUI ! T'AS PAS INTÉRÊT À FUMER, ÇA ENCRASSE LA CLIM' ET FAIT JAUNIR LE TABLEAU DE BORD…
RÔÔÔN… PSHHHH ! …
QUOI QU'IL EN SOIT, VOUS VIVEZ DES PREMIÈRES AMOURS QUI RESTERONT GRAVÉES À TOUT JAMAIS…
BONNE NUIT, MA CHÉRIE !!
43

Le roi de la route

"Attention, j'arrive !!!"

Rémy Julienne

EH BIEN VOILÀ, LE MOMENT TANT ATTENDU EST ARRIVÉ. METTEZ LE CONTACT ET LAISSEZ-VOUS BERCER PAR LE DOUX RON-RON D'UN MOTEUR PRÊT À RUGIR...
P'TAIN D'BORDEL, C'EST OÙ L'JOINT DE CULASSE ?!!

COMPLIMENTS : VOUS AVEZ ACCÉDÉ BRILLAMMENT AU RANG D'ADULTE AUTONOME ET RESPONSABLE... JE N'AI PLUS QU'À VOUS SOUHAITER BONNE ROUTE !.
TIENS, ÇA T'FERA LES PIEDS !!
VILLE PERDUE
PARIS
TDM 75
A

Cet album
a été achevé d'imprimer
en juin 2004
sur les presses de l'imprimerie Pollina,
à Luçon
pour la SEFAM.

Dépôt légal : octobre 2000
N° d'édition : 22767
N° d'impression : L93940